Mit Texten im Internet Geld verdienen

Langfristige und seriöse Verdienste aufbauen

Sabine Wolfram

VORWORT

Die in diesem Buch vorgestellten Möglichkeiten, sich mit Texten einen langfristigen Verdienst im Internet aufzubauen, wurden alle selbst getestet. Bei den meisten vorgestellten Seiten bin ich sehr aktiv. Bei anderen Seiten schaue ich nur sporadisch in meinen Account.

Doch bei keiner Seite kann man erwarten, dass man innerhalb kurzer Zeit ein Haupteinkommen aufbauen kann. Am Anfang ist es ein Taschengeld, was vielleicht die Urlaubskasse etwas aufbessert. Bei entsprechender Aktivität kann daraus schnell ein Nebeneinkommen werden. Ich selbst bin auf dem Weg mir damit meinen Hauptverdienst aufzubauen.

Da dieser Markt sehr schnelllebig ist, kann es passieren, dass hier erklärte Varianten schon nicht mehr aktuell sind. Sollten Sie Fragen haben, so steht Ihnen der Kontakt per E-Mail zur Verfügung.

Inhalt

Einleitung

Seit mehr als zehn Jahren beschäftige ich mich mit dem Thema im Internet Geld zu verdienen. Dabei macht man leider nicht nur positive Erfahrungen. Doch ich kann heute behaupten, dass sich meine finanziellen Verluste in überschaubaren Grenzen halten. Denn wie im realen Leben, hat eben auch im Internet niemand etwas zu verschenken. Aber auch Seitenbetreiber, die einfach verschwinden, wenn sie genug Geld an ihren Usern verdient haben, sind keine Seltenheit.

Nachdem die ersten Seiten mir eher durch Zufall oder Werbung aufgefallen sind, bemühte ich die Suchmaschinen nach dem Thema Geld verdienen im Internet. Meine ersten Erfahrungen machte ich mit dem Verbraucherportal Ciao.de. Dort beurteilt man selbst gekaufte und genutzte Produkte und erhielt dafür Geld, wenn andere Mitglieder dieser Community die Berichte zumindest gelesen haben.

Über diese Seite bin ich dann auch zu den Möglichkeiten gekommen, um mit bezahlten Startseiten, E-Mails und Surfbars ein wenig Geld zu verdienen. Auch virtuelle Währungen begannen dabei eine Rolle zu spielen. Doch dazu im Buch später mehr.

Heute verdiene ich einen Großteil meines gesamten Einkommens im Internet mit Texten auf diversen Portalen und mit meinen eigenen Webseiten. Auch ein Blog befindet sich um Aufbau und selbst Strickaufträge bekomme ich übers Internet. Wobei es bei jeder vorgestellten Möglichkeit nicht gleich zum Hauptverdienst reichen wird. Um das zu erreichen brauchen Sie Geduld, Fleiß und naürlich auch Werbung für die eigenen Texte und Webseiten..

Finanzfallen

Fast täglich flattern unaufgefordert E-Mails ins Haus, wo dem Empfänger unwahrscheinlich tolle Verdienste versprochen werden. Sobald diese Verdienstangaben überdurchschnittlich hoch sind, sollten Sie diese Post einfach ignorieren und löschen. Denn es ist unwahrscheinlich, dass man quasi für wenig bis keinen Aufwand so viel Geld verdienen kann. Zudem müsste man dabei auch erst Geld investieren, um den beworbenen Verdienst genießen zu können.

Selbst wenn es wirklich so funktionieren würde, täte man doch bei einer entsprechenden Idee das Geld selbst verdienen. Andere aus reiner Menschlichkeit, wie es in solchen E-Mails suggeriert wird, mit verdienen lassen, ist doch sehr unwahrscheinlich.

Die Liste von solchen Angeboten ist lang und meist wird damit geworben, dass man ohne besondere Kenntnisse innerhalb kurzer Zeit reich werden kann. Besonders gern werden seit einigen Jahren Lizenzen angeboten, wo man sich das Recht erkauft die Ware auf eigene Rechnung zu vertreiben.

Ein einfaches Beispiel dazu sind E-Books. Diese gab es nämlich schon bevor die Reader, wie Kindle und seine Verwandten, auf den Markt kamen. Da allerdings nur ein Text mit Bildern als PDF-Datei, die man verkaufen durfte. Gerne wurde dabei das Thema „Geld im Internet" aufgegriffen, was ja dem Autor des E-Books einen entsprechenden Gewinn brachte. Er heuerte Verkäufer an, die eine Wiederverkaufslizenz erwarben. Mit dieser Lizenz durften sie das Buch so oft weiterverkaufen wie sie wollten beziehungsweise haben diese Verkäufer auch nur das Buch samt Wiederverkaufslizenz veräußert. Dass die Inhalte weder dem Wiederverkäufer, noch dem Endverbraucher einen Nutzen brachten, konnte man erst erkennen, wenn man die Lizenz erworben hatte.

Solche Vertriebswege werden gern als Multi-Level-Marketing, kurz MLM, bezeichnet. Denn man verdient ja immer nur, wenn man neue Verkäufer wirbt. Am Ende hat der Autor gut daran verdient, auch wenn das E-Book selbst keinen wirklichen Mehrwert für den Leser darstellte.

Doch es gibt noch mehr Finanzfallen im Internet. Sogenannte Forex Seiten werben damit, dass man mit wenig Kapital und ohne Arbeit viel Geld verdienen kann. Man zahlt dort Geld ein, legt es wie bei einem Festgeldkonto an und kann damit für den festgelegten Zeitraum nicht über das Geld verfügen. Die versprochenen Zinsen klingen toll und man gerät leicht in die Versuchung ohne Aufwand sein Geld auf diese Weise vermehren zu wollen.

Ich will nicht behaupten, dass es keine seriösen Seiten in diesem Bereich gibt. Doch die mir bekannten Seiten waren leider unseriös und die versprochenen Auszahlungen kamen am Ende nicht. Selbst als ich später nur noch entsprechende Seiten oder Forendiskussionen beobachtet habe, verschwanden die Betreiber oftmals über Nacht und irgendwann gab es dann auch die Seite dazu nicht mehr.

Ich habe damals zum Glück nur 30 Euro investiert, als diese Art der Geldvermehrung noch neu war. Diesen Verlust sehe ich einfach als Lehrgeld an. Manchmal muss man eben Fehler machen.

Produkttester

Machen Sie Ihre Schränke auf und es wird sich eine reichliche Auswahl an Produkten finden lassen, die Sie bewerten können. Egal ob Joghurt, Fernseher oder Handy, man kann bei verschiedenen Verbraucherportalen mit entsprechenden Kritiken wirklich Geld verdienen. Dabei soll das Produkt nicht über den grünen Klee gelobt werden, wenn es Ihnen nicht zusagt.

Seien Sie dabei ehrlich, denn nur so kann den Lesern und auch den Herstellern geholfen werden. Denn auch die Hersteller lesen Ihre Berichte über die Produkte und nehmen Kritikpunkte auf. Auch wenn Sie als Autor des Berichtes davon nichts direkt merken.

Doch seien Sie auch hier gewarnt. Irgendwann werden Firmen Sie kontaktieren, um sie direkt als Produkttester zu werben. Die Falle besteht darin, dass man zwar die Produkte kostenlos anbietet, aber recht hohe Versandkosten zu zahlen sind. Wobei man Ihnen vorher nicht sagen wird, welche Produkte Sie in den regelmäßigen Paketen vorfinden werden.

Am Ende haben Sie für die hohen Versandkosten den Warenwert abgedeckt. Denn im Paket selbst befinden sich dann nur Artikel, die einen recht geringen Einkaufspreis haben. Ein Rückgaberecht besteht bei solchen Vereinbarungen meist nicht, dafür aber ein längerer Abnahmevertrag. Kaufen Sie sich daher lieber die Produkte gleich selbst beziehungsweise beschränken Sie sich auf die Produkte, die Sie wirklich nutzen. Auch wenn man nach einiger Zeit sicherlich Dinge kaufen wird, weil man darüber einen Bericht verfassen kann. Gerade bei Lebensmitteln werden Sie mit dem Verdienst aus den Berichten die Kosten für den Kauf schnell ausgeglichen haben.

Ciao

Das beliebteste Verbraucherportal finden Sie unter www.ciao.de. Schon auf der Startseite kann man die wichtigsten Daten sehen. Die Möglichkeiten dort Produkttests zu verfassen sind fast unbegrenzt und damit gibt es auch ein großes Potential um sich einen seriösen Verdienst aufzubauen.

Startseite von Ciao

Rechts unten finden Sie die Möglichkeiten um bei Ciao Mitglied zu werden oder um sich auf der Seite einzuloggen, falls Sie sich schon registriert haben. Bei der Anmeldung müssen Sie sich nur einen Usernamen und ein Passwort überlegen. Auch Ihre E-Mail müssen Sie angeben. Andere Daten, wie eben auch die Bankverbindung werden erst mal nicht verlangt.

Bevor Sie aber die ersten Produkte schriftlich bewerten, sollten Sie sich bei Ciao.de umsehen. Anfänger werden oft sehr kritisch bewertet, bekommen aber von den erfahrenen Usern auch Unterstützung. Zudem wird bei Berichten von Neulingen von Ciao selbst vor der Bewertung darauf hingewiesen, dass man die Unerfahrenheit berücksichtigen soll. Schauen Sie sich einige Produktberichte an, um ein Gefühl dafür zu bekommen, wie man sie aufbauen kann.

Man muss dazu keine mehrseitige Abhandlung schreiben. Aber zu kurze Berichte können auch nicht die wichtigsten Details enthalten, die der Leser erwartet.

Neben einer aussagekräftigen Überschrift sollte eine kurze Einführung geschrieben werden. Dort wird meist auch der Beweggrund für den Kauf genannt. Haben Sie das entsprechende Produkt geschenkt bekommen, dann darf das ruhig erwähnt werden.

Danach kommen die Fakten über die Verpackung, das Aussehen und auch Inhaltsstoffe, wenn nötig und vorhanden. Erst danach kommt die eigene Meinung, der Preis, die Bezugsquelle und eine Zusammenfassung. Wenn Sie im Schnitt eine A4-Seite schreiben, so ist das völlig ausreichend. Bei technischen Produkten sollte es natürlich mehr Text werden, da man auch die wichtigsten Einstellungen der Geräte erklären sollte. Wobei man als normaler Nutzer vermutlich nie alle Einstellungen nutzen wird. Aber auch das darf man mit ruhigem Gewissen erklären.

Eigene Produktfotos werten den ganzen Bericht natürlich auf, sind aber nicht zwingend erforderlich. Es ist sinnvoll seinen Text offline, also in einem Schreibprogramm einzugeben.

Das hauseigene Wordpad von Windows ist dazu völlig ausreichend. Eine Rechtschreibprüfung kann man auch im Internet vornehmen lassen und die Seite rechttschreibpruefung24.de ist kostenlos und liefert gute Ergebnisse. Die entgültige Formatierung des Textes nehmen Sie direkt in der Eingabemaske vor.

Ist der Text fertig, so wird alles in der entsprechenden Kategorie eingefügt. Ob das Produkt schon im Katalog vorhanden ist, kann man über die Suche bei Ciao.de schnell heraus finden.

Sollte es noch nicht vorhanden sein, so kann man es problemlos als neues Produkt vorschlagen. Den Hinweis findet man direkt in der entsprechenden Kategorie rechts oben. Einfach nur die geforderten Angaben machen und abschicken. Danach können Sie auch gleich ihren Bericht verfassen, was ich persönlich nicht mache. Nach einem Neuvorschlag wird man per E-Mail von Ciao.de informiert sobald das Produkt aufgenommen wurde. Natürlich gibt es auch gleich einen Link in dieser E-Mail, damit man seinen Bericht sofort einstellen kann.

Ist ein Produkt doch schon vorhanden und Sie konnten es über die Suche nicht finden, so liefert Ciao in der Antwortmail gleich den richtigen Produktlink mit. Sie werden also auf alle Fälle über die Entscheidung informiert, nachdem ein neues Produkt durch Sie vorgeschlagen wurde.

Sobald man nun seinen Produktbericht veröffentlicht hat, können andere User der Verbraucherplattform den Text lesen und bewerten. Und nur die Bewertungen der Testerkollegen bringen auch Geld. Aber die Produkttests können auch ohne Account bei Ciao gelesen werden. Daher werden Sie immer bei den Lesungen in Ihrer Berichtübersicht finden. Die erste Zahl sind Mitgliederlesungen und die zweite Zahl sind die gesamten Lesungen.

Wie viel Sie an einer Lesung verdienen, kann man direkt neben dem Produktnamen sehen. Stehen dort €-Zeichen, so werden die Lesungen auch vergütet. Ein €-Zeichen bedeutet 0,5 Cent pro Lesung. Bei zwei €-Zeichen bekommt man 1 Cent und bei drei €-Zeichen ist jede Mitgliederlesung 2 Cent wert. In der Abbildung sehen Sie ein Beispiel für eine Vergütung von 2 Cent. Außerdem erkennt man an dieser Stelle gleich, ob für ein Produkt schon Berichte geschrieben worden. In Fall des Staubsaugers gibt es drei Berichte.

Home > Haushaltsgeräte > Waschen & Reinigen > Staubsauger > Dirt Devil Staubsauger > Dirt Devil DD 2200 Rebel 20

Dirt Devil DD 2200 Rebel 20 € € €

Bodenstaubsauger - ohne Beutel - 1800 Watt - Stromversorgung: Netz mehr
9 Angebote von EUR 68,00 bis EUR 79,99

Erfahrungsbericht schreiben | Frage stellen

Dieses Produkt bewerten: ☆ ☆ ☆ ☆ ☆

Beispiel für Vergütung und Kategorieverzweigung

Das mag wenig klingen. Aber wenn man sieht, dass sehr aktive Mitglieder weit über 200 Lesungen mit einem Bericht erreichen, dann liegt man in der höchsten Vergütungsstufe schon bei mindestens 4 Euro.

Doch man kann bei Ciao.de noch wesentlich mehr Geld verdienen. Zum einen gibt es die doppelte Vergütung, wenn man den ersten Bericht zu einem Produkt veröffentlicht. Bleiben wir bei dem Rechenbeispiel, dann kommen Sie schon auf 12 Euro für diesen einen Text. Denn diese zweifache Vergütung wird zur normalen Vergütung gezahlt. So dass man eigentlich für einen Erstbericht gleich die dreifache Vergütung bekommt.

Dazu kommt noch die Ausschüttung aus dem monatlichen Premiumfond, welcher noch Bonuszahlungen von mindestens einem Euro bringen kann.

Bevor man wirklich um die 200 Lesungen auf einen Bericht bekommt, muss man selbst aktiv werden auf der Plattform. Text schreiben und einstellen allein bringt nur wenige Mitglieder dazu ihn zu lesen. Also muss man sich bekannt machen. Es kostet vor allem am Anfang recht viel Zeit, aber es lohnt sich.

Die Vorgehensweise ist dabei recht einfach. Man liest die Berichte von anderen Mitgliedern, kommentiert sie auch nach Bedarf. Das macht neugierig auf Sie und man wird Ihre Berichte daher auch lesen. Mit der Zeit baut man sich damit eine gewisse Stammleserschaft auf, was am Ende auch den Verdienst bringt. Während meiner aktivsten Zeit bei Ciao konnte ich ohne viel Aufwand schon mit 50 bis 70 Lesungen auf einen neuen Bericht von mir rechnen. Mit entsprechender Aktivität durch das Lesen von anderen Berichten kam ich immerhin auf Leserzahlen im Bereich von 150. Ohne Sondervergütungen und Bonuszahlungen kann man bei 10 Berichten im Monat zwischen 7,50 und 20 euro verdienen. Natürlich gibt es auch mehr Geld, je mehr Aktivität man zeigt. Manche User veröffentlichen zwei Berichte am Tag. Wenn man nur die geringste Vergütungsstufe von 0,005 Euro hat liegt sind Verdienste zwischen 40 und 50 Euro möglich. Aber dafür muss man neben dem Schreiben auch sehr viel Zeit mit dem Lesen von anderen Produktberichten verbringen.

Anfängern bei Ciao rate ich einen Text zu veröffentlichen und sich danach mit den Lesungen von anderen Berichten zu befassen. Wichtig sind dabei auch die Kommentare zum Bericht. Denn die schaut ein Autor immer an und man erreicht damit wesentlich schneller neue Leser für den eigenen Text. Dazu sollte man sich Ziele setzen was die Lesungen des eigenen Textes angeht. Manche User veröffentlichen mehrere Texte in kurzer Zeit und bringen sich dabei selbst um neue Leser.

Lesen und bewerten Sie solange neue Texte, bis Ihr Erstlingswerk eine bestimmte Anzahl an Lesungen erreicht hat. Für den Anfang sollte das Ziel nicht zu hoch gesetzt werden. Aber zwischen 20 und 30 Lesungen sollten das Ziel sein, bevor Sie einen neuen Bericht veröffentlichen.

Unterschätzen sollte man dabei auch nicht die Uhrzeit, wenn man einen neuen Bericht veröffentlichen will. Ich selbst habe die Erfahrung gemacht, dass der frühe Morgen, als vor 7 Uhr und der spätere Abend ab 21 Uhr die meisten Leser bringen. Zu diesen Zeiten veröffentlichen wenig andere User, sondern schauen nach neuen Texten, die sie selbst bewerten können. Natürlich soll das nun kein Patentrezept sein und jeder User wird sicherlich seine optimale Uhrzeit finden.

Die Vergütung wird in jeder Nacht bei Ciao dem virtuellen Konto gutgeschrieben. Sobald man 5 Euro erreicht und die Bankverbindung eingegeben hat, kann man eine Auszahlung beantragen. Die Auszahlung sollte man am Monatsende beantragen, damit man dann Mitte des Folgemonats sein Geld bekommt. Beantragt man keine Auszahlung so wird das virtuelle Konto einfach so weiter geführt und neue Verdienste werden regelmäßig dazu gebucht. Es geht Ihnen also kein Geld verloren.

Yopi und Dooyoo

Natürlich gibt es noch andere Verbraucherportale. Da sollen an dieser Stelle nur www.yopi.de und www.dooyoo.de genannt sein. Beide Portale sind nach dem selben Prinzip wie Ciao aufgebaut. Daher ist es sinnvoll die eigenen Berichte dort auch einzustellen. Damit beugt man auch dem Kopieren durch andere User vor. Denn wo man etwas verdienen kann, wird man immer auch Betrüger finden.

Bei Yopi wird auch in Euro vergütet. Wobei dort das Geld sofort dem Account gutgeschrieben wird und man kann beobachten, wie der Kontostand steigt. Hier wird ab einem Guthaben von 8 Euro ausgezahlt.

Bei Dooyoo gibt es eine eigene Währung. Diese Dooyoo-Meilen kann man sich ab 20.000 Stück als Amazon-Gutschein auszahlen lassen.

Wenn Sie diese Seiten nutzen wollen, um Ihre Berichte ein zweites oder auch drittes Mal zu veröffentlichen, sollten zwei Dinge beachtet werden.
Wählen Sie bei allen drei Verbraucherportalen den selben Benutzernamen. Diese Vorgehensweise bringt Ihnen einen gewissen Wiedererkennungswert und damit auch schon Leser. Wenn Sie dann einen Bericht, der bereits bei Ciao veröffentlicht wurde, dort erneut einstellen, dann schreiben Sie es am Ende dazu. Es verhindert, dass andere User Ihnen unterstellen, dass es nicht Ihr eigenes Werk ist und erspart damit viel Ärger.

Meiner Meinung nach kommen weder Yopi, noch Dooyoo an die Leserzahlen heran, die man bei Ciao erreichen kann. Daher habe ich in diese beiden Seiten immer nur sporadisch Zeit investiert und nur den Vorteil gesehen, dass ich für eine Arbeit auch gleich dreifach verdienen kann.
Mir sind aber auch User bekannt, die mehr auf Yopi oder Dooyoo setzen und damit dort auch mehr verdienen, als wenn sie nur ihre Produktberichte dort nebenbei einstellen. Welche Seite für Sie den größten Verdienst bringen wird, sollten Sie selbst testen und sich langfristig auf eine Hauptseite festlegen.

Dabei sollten Sie bedenken, dass auch alte Produktberichte noch Geld bringen. Sofern noch eine Vergütung durch die Seitenbetreiber vorgesehen ist, kann es sich durchaus lohnen die Berichte zu überarbeiten. Dazu muss man nicht unbedingt viel an dem Bericht ändern. Ein kleines Update, wie zum Beispiel die Leistung des Akkus bei einem älteren Handy ist, reicht schon aus. Der aktualisierte Bericht erscheint wieder ganz oben in Ihrer Berichteliste und bringt damit auch wieder Einnahmen.

Die Einnahmen aus Produktberichten werden zwar nie ausreichen, um damit seinen Lebensunterhalt zu bestreiten. Aber man kann dabei Vorteile in anderer Form erzielen. Wenn Sie zum Beispiel gerne lesen, kann es sich durchaus lohnen bei Verlagen nach Freiexemplaren von Büchern zu fragen. Wenn Sie dann schon auf vorhandene Rezensionen hinweisen können, die auch viele Lesungen bekommen, so können Sie auf kostenlose Bücher hoffen.

Yopi und Dooyoo haben aus meiner Sicht nur einen Vorteil gegenüber Ciao. Die neuesten Berichte sind auf der Startseite anders gelistet. Dort rutschen sie nur nach unten, wenn neue Berichte eingestellt werden. Man kann also besser beobachten zu welchen Tageszeiten generell weniger Berichte eingestellt werden. Diese Zeiten lassen sich für die eigenen Texte natürlich nutzen, da sie dann länger auf der Startseite zu sehen sind.

Autoren-Netzwerke

In Autoren-Netzwerken können Sie auch Ihre Texte veröffentlichen. Die Ansprüche an die Texte sind unterschiedlich. Zwei Seiten, die in der Gestaltung der Texte, sehr unterschiedliche Anforderungen stellen, werden Ihnen nun vorgestellt.

Suite101.de

Leider kann man bei dieser Seite keine neuen Texte mehr veröffentlichen. Trotzdem ist das Konzept, dass der Autor an den Einnahmen beteiligt wird, nicht schlecht. Denn als Autor kann man sich voll und ganz dem Schreiben widmen und für die Verbreitung der eigenen Texte durch Werbung sorgen. Die Werbung auf den Textseiten wird vom Seitenbetreiber eingebaut und man benötigt keine weiteren Accounts.
Bei diesen Autorenportal konnte man nur sachliche Texte veröffentlichen. Diese Artikel durften weder in der Ich-Form geschrieben sein, noch eine Meinung verbreiten. Auch Lyrik und Prosa waren hier nicht erlaubt. Schreiben Sie also Gedichte oder selbst Geschichten, so hatten Sie bei Suite101 keine Chance als Autor beziehungsweise hätte man Ihre veröffentlichten Werke wieder gelöscht.

Auch wenn schon lange vor dem eigentlichen Schluß die Redaktion in Berlin aufgelöst wurde, hatten die Autorenkollegen immer die Möglichkeit nicht erlaubte Texte an die Betreiber nach Kanada zu melden, damit sie gelöscht werden konnten.
Aktuell sind viele Autoren dabei ihre Texte bei Suite101 zu löschen, um sie an anderer Stelle neu zu veröffentlichen. Diese Arbeit steht auch mir noch bevor, wobei ich nicht alle Texte dort entfernen werde. Die Einnahmen sind weiterhin vorhanden, auch wenn keine neuen Inhalte die Seite bereichern können.

Als ich im Herbst 2010 bei Suite101 als Autorin begonnen habe, konnte man noch Aussagen im Internet finden, wo eine amerikanische Kollegin im Monat vierstellige Tantiemen verdiente. Davon kann heute, im August 2013, kaum mehr eine Rede sein. Man findet zwar in diversen Blogs noch Aussagen von 2,50 Euro pro 1.000 Leser, aber auch diese Zahlen dürften schon etwas älter sein. Zumal eine Seite im Ranking der Suchmaschinen auch schlechter aufgestellt ist, wenn keine neuen Inhalte dazu kommen. Da reicht es auch nicht aus, wenn man vorhandene Texte überarbeiten kann. Ohne ganz neue Inhalte wird Suite101 langfristig nicht überleben können.

Es wurde dort auch nie darauf hingewiesen, dass diese Zahlen von den Werbepreisen für die Anzeigen und dem Klickverhalten der Leser abhängig sind. So kann durchaus ein Klick mehrere Euro wert sein. Aber es gibt auch Werbeanzeigen, die mit mehreren Klicks durch Leser nur Centbeträge erwirtschaften. Dazu gibt es auch Zeiten, wo es grundsätzlich wenige Leser gibt. Das ist besonders im Sommer so, da dies die Hauptreisezeit im deutschsprachigem Raum ist. Auch die Tage kurz vor und nach Weihnachten werden einen Einbruch bei den Leserzahlen bringen.

Wobei man auch da beachten muss, dass es doch von den Themen ihrer Artikel abhängig ist, wie sich in den vermeintlich schwachen Zeiten die Leserzahlen entwickeln. Haben Sie zum Beispiel viele Artikel zu regionalen Themen, die auch noch zur Touristenzentren gehören, dann werden Sie auch im Sommer viele Leser verzeichnen können.

Fragen Sie doch einfach mal in Ihrem Bekanntenkreis nach, welche Informationen dort oft im Internet gesucht werden. Vielleicht helfen die Ergebnisse bei Ihrer Themenwahl, was Ihnen bei anderen Portalen einen Nutzen bringen kann.

Ich selbst habe vier Monate mit sehr unterschiedlichen Leserzahlen angeschaut und bin zu folgenden Verdiensten pro 1.000 Leser gekommen.

Monat	Tantiemen pro 1.000 Leser
März 2012	1,37 Euro
Juli 2012	1,69 Euro
Oktober 2012	1,10 Euro
Januar 2013	1,61 Euro

Quelle: Eigene Auswertung

Um Verdienste für einzelne Artikel zu kalkulieren, habe ich die Quersumme der Verdienste aus der Tabelle berechnet. Damit kommt man auf einen Wert von 1,44 Euro pro 1.000 Leser. Für den Zeitraum vom 01. Februar 2012 bis zum 31. Januar 2013 habe ich bei zwei Artikeln Werte von 6.470 und 998 Lesern. Das macht einen Jahresverdienst von 9,32 Euro beziehungsweise 1,44 Euro.

Auch das ist pro Artikel nicht viel, aber ein dauerhaftes Einkommen, wofür Sie nur einmal Zeit investiert haben.

Passen die Themen Ihrer Artikel untereinander zusammen, dann kann man die entsprechenden Artikel auch miteinander verlinken. Damit zieht man interessierte Leser oft zu einem zweiten oder dritten Text. Aber auch Verlinkungen mit den Artikeln anderer Autoren sind sinnvoll.

Schreiben Sie den entsprechenden Autor direkt an, wenn Sie einen Link in Ihrem eigenen Artikel gesetzt haben. Aktive Autoren werden dann auch Links zu Ihren Artikeln setzen, sofern sie thematisch passen. Übrigens nennt man diese Verlinkungen zwischen verschiedenen Artikeln einen Cluster bilden. Je größer ein solches Cluster ist, desto besser wirkt es sich auf die

Suchergebnisse bei Google und seinen Mitbewerbern aus. Was wieder Lesungen und auch Tantiemen bringt.

Ab und an lohnt es sich auch, wenn man hier ältere Texte überarbeitet. Vor allem für die Suchergebnisse bei Google bringen kleine Veränderungen oftmals einen großen Sprung nach vorne.

Haben Sie 5 Euro auf Ihrem virtuellen Konto erreicht, wird von Suite101 ausgezahlt. Allerdings zahlt die Seite, nur auf den Bezahldienst Paypal aus. Dafür werden aber die Gebühren übernommen, die man sonst auf dieser Seite bei Geldeingang abgezogen bekommt. Von Paypal aus ist es kein Problem das Geld auf Ihr Girokonto auszahlen zu lassen. Ausgezahlt wird bis spätestens zum 15. des Monats. Sollten Sie keine 5 Euro erreicht haben, so wird der vorhandene Verdienst in den Folgemonat übertragen und entsprechend später ausgezahlt.

Die hier genannten Tipps waren natürlich nicht nur für Suite101.de gültig. Man kann sie auch bei anderen Portalen nutzen, wo man eigene Texte veröffentlichen kann. Wobei da der Aufwand für den Verdienst am Anfang wesentlich höher ist, da man sich selbst um die Anmeldungen bei Werbepartnern kümmern muss.

Pagewizz.com

Eine zweite sehr bekannte Seite ist Pagewizz, die man unter www.pagewizz.com findet. Im Gegensatz zu Suite101 hat Pagewizz seinen Sitz in Deutschland. Dazu wird auch eine kleine Redaktion geboten, die nicht nur die Artikel kontrolliert, sondern auch Ratschläge zur Verbesserung gibt. Davon sollte man sich aber nicht verunsichern lassen, denn es dient der eigenen positiven Entwicklung, wenn man sich die Kritik zu Herzen nimmt. Auch ein Autorenforum steht zur Verfügung, wo man schnell und kompetent Hilfe bekommt. Außerdem gibt es auf Pagewizz Autoren-Wettbewerbe, die ausgesprochen gut angeommen werden, da auch hier Gewinne in Form von Euro locken.
Doch die Seite hat noch mehr Vorteile, wenn auch Nachteile.

Auf Pagewizz darf man in der Ich-Form schreiben und hat wesentlich mehr Möglichkeiten seine Artikel zu gestalten. Sogar als Blogersatz kann Pagewizz genutzt werden, so dass man ganze Serien zu einem Thema verfassen kann.
Allerdings muss man sich dort um die Einnahmen durch Werbung selbst kümmern. So dass es zumindest wichtig ist, sich einen Account bei Google-Adsense anzulegen. Doch die eigenen Werbeanzeigen werden nur zu 50 Prozent bei Ihren Texten angezeigt. Man teilt sich die Werbeplätze mit den Betreibern der Seite. Aber wenn ein Leser ihre Werbeanzeige anklickt, dann bekommen Sie bei Adsense die volle Vergütung und müssen nicht mit Pagewizz teilen.
Allerdings kann man sich bei Google-Adsense nur anmelden, wenn man eine eigene Webseite oder einen Blog vorweisen kann. Und auch da ist der Werbepartner mittlerweile sehr kritisch geworden, was die Aufnahme angeht. Die Betreiber von Pagewizz arbeiten aber, laut Aussage im Autorenforum, daran eine gute Lösung zu finden.
Außerdem kann sich eine Anmeldung beim Partnerprogramm von Amazon lohnen, da man zu vielen Themen dort eine reichliche Auswahl an Artikeln findet, die der Leser dann vielleicht kaufen möchte. Ich selbst habe zum Beispiel einen Artikel veröffentlicht, der Tipps für Aquarienbesitzer gibt, wenn sich das Becken im Sommer zu sehr aufheizt. Dazu habe ich entsprechende Kühlsysteme bei Amazon als Werbung in meinen Text eingebaut.

Wer viele Bücher rezensiert, der sollte sich auch bei Amazon für das Partnerprogramm anmelden. Für alle verkauften Produkte, die nach dem Klick auf die Werbung erfolgt sind, bekommt man eine Provosion. Die Berichte über Klicks, Bestellungen und Vergütungen kann man direkt in seinem Account beim Partnerprogramm anzeigen lassen. Die Anmeldung zum Programm findet man auf der Startseite von Amazon ganz unten.

Da man die eigenen Texte bei Pagewizz in verschiedene Bausteine aufteilen kann, so ist es recht leicht die Amazonwerbung mitten im Text unter zu bringen. Die einzelnen Bausteine für Texte und die eigenene Werbung kann man nach belieben aufteilen und jeder Zeit wieder verändern. Außerdem kann man in der Übersicht seiner Texte, die hier Seiten genannt werden, auch Statistiken anzeigen lassen, wie hoch die Klickrate ist. Das allein bringt zwar noch keinen Verdienst, aber man kann seine Texte später versuchen zu optimieren.

Werbeblöcke von Google-Adsense werden mehrfach auf einer Seite angezeigt. Dabei sind ihre eigenen Werbeanzeigen vorhanden, wie auch die von den Seitenbetreibern selbst. Werben Sie neue Autoren, so werden auf deren Seiten teilweise Ihre eigenen Werbeblöcke eingeblendet, was einen weiteren Verdienst mit sich bringt. Den Link zur Autorenwerbung bekommen Sie freigeschaltet, wenn sie fünf eigene Texte veröffentlicht haben. Diese Grenze gilt auch für die Verlinkungen die Sie in Ihre Texte einbauen. Am Anfang sind diese auf Nofollow eingestellt. Ist man bei Pagewizz der Meinung, das Sie sehr gute Artikel veröffentlichen, dann werden Ihre Verlinkungen au Follow umgestellt. Das bringt zuerst für die verlinken Seiten einen Vorteil bei den Suchmaschinen. Denn das Follow bedeutet, dass Ihre Verweise auf andere Webseiten wertvoll sind. Langfristig wird es aber auch Ihre eigenen Texte im Ranking stärken.

Dazu kann man bei Pagewizz auch die Artikel von Autoren-Kollegen abonnieren. Man wird per E-Mail informiert, sobald von dieser Person ein neuer Text veröffentlicht wurde. Leser können auch die Artikel auf Pagewizz kommentieren ohne dass sie einen Account besitzen müssen.

Das kann für die Autoren von Vorteil sein, wenn eventuell Fakten vergessen wurden oder eben der Leser noch weitere Informationen sucht und somit seine Frage dazu stellen kann. Aber auch das Risiko von unsachlichen Kommentaren ist damit gegeben. Denn man muss dazu nur einen Namen, eine E-Mailadresse und den Captcha-Code eingeben. Als Autor kann man dann zumindest die IP-Adresse einsehen und den Namen. Wobei der Name keine Rückschlüsse auf den Verfasser bringen muss.

Allerdings kann man solche Unsachlichkeiten selbst löschen. Wer gleich dieses Risiko umgehen will, kann auch die Kommentarfunktion komplett deaktivieren.

Über Kommentare werden Sie per Mail informiert. Aber auch in der Übersicht Ihrer erstellten Seiten, kann man am oberen Rand die Neuigkeiten sehen. Ist ein neuer Kommentar vorhanden, so wird links neben Ihrem Autorennamen ein weißes Rechteck angezeigt. Bei einem weißen Herz haben Sie einen neuen Fan bekommen, der dann automatisch über neue Texte von Ihnen informiert wird.

Damit Sie ohne Probleme den ersten Text veröffentlichen können, gibt es an dieser Stelle eine kurze Einführung für die einzelnen Schritte.

Den Text selbst sollte man in einem Schreibprogramm auf dem Computer speichern. Damit kann man Verlusten bei Ausfällen vorbeugen. Zuerst wird ein Aussagekräftiger Titel benötigt und ein Satz, um was es gehen soll. Diese beiden Dinge sind vor allem für die Suchmaschinen wichtig. Danach fügen Sie die Einleitung zum des Artikels in das entsprechende Feld ein und wählen die passende Kategorie für Ihren Text. Damit sind die ersten Schritte für eine neue Seite auf Pagewizz schon erledigt. Die Maske für diese Eingaben finden Sie auf der folgenden Seite.

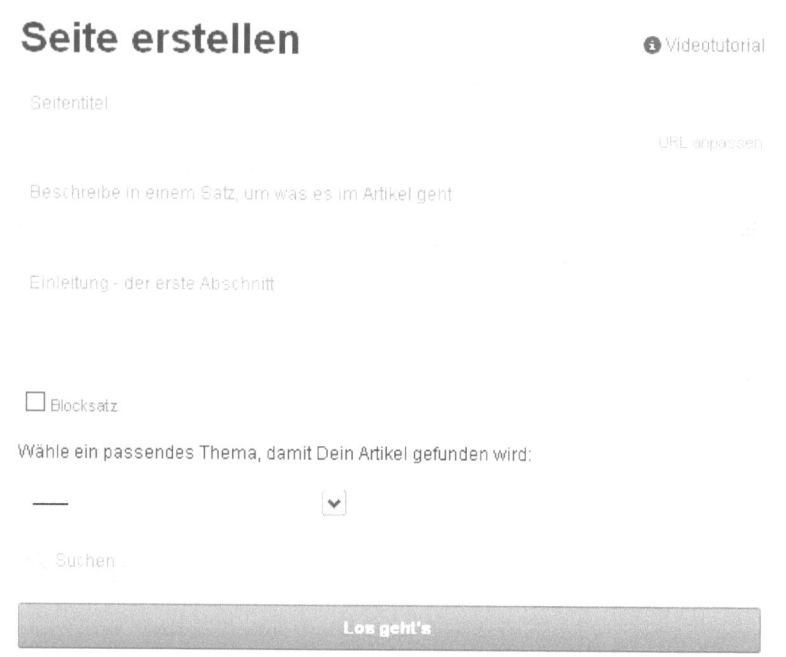

Seite erstellen

Bausteinsystem zur Erstellung eines Artikels bei Pagewizz

Nun kann man den eigentlichen Text vom Schreibprogramm übernehmen. Dazu wird einfach bei dem schon eingefügten Textbaustein auf „Bearbeiten" geklickt. Ist der Text eingefügt, erfolgt die Formatierung direkt im Eingabefeld. Will man, so wie erklärt, Bilder oder die Werbung von Amazon mitten im Text anzeigen lassen, so gibt man nur etwa den halben Text in diesen Baustein ein. Sinnvoll ist es dabei bis zum Ende eines Absatzes einzufügen. Danach gibt man den Befehl zum Speichern und die Eingabemaske schließt sich von allein. Sie können also mehr oder weniger frei gestalten, in welcher Reihenfolge Text, Bilder und Werbung erscheinen sollen. Sollte es Ihnen in der Vorschau doch nicht gefallen, wie Sie Ihre Bausteine angeordnet haben, dann können diese bequem per Mausklick verschoben werden.

Am Ende werden Sie gleich die Button für Google+, Twitter und auch facebook finden. Wie man sich die sozialen Netzwerke für die eigene Werbung zu Nutze macht, wird in diesem Buch an späterer Stelle erklärt.

Natürlich schreiben die wenigsten Autoren aus dem reinen Spaß an der Sache. Man möchte auch etwas daran verdienen. Bei Partnerprogrammen von Shops bekommt man pro bestellten Artikel über den Werbelink eine Provision. Bei den Klicks auf die Werbung von Google-Adsense wird man dafür vergütet, dass der Leser überhaupt ein Interesse an der Werbung gezeigt hat und die beworbene Seite direkt durch einen Klick besucht. Selten gibt es Werbeeinblendungen die ohne Klicks vergütet werden.

Nach den Auswertungen der eigenen Statisitken klickt etwa jeder 112. Besucher auch auf meine eingeblendete Werbung. Die durchschnittlichen Klickvergütungen liegen bei 10 bis 12 Cent, was erst mal nicht so viel ist. Allerdings steigen die Gesamtleserzahlen ja mit neuen Texten. Nimmt man die beim Kapitel zu Suite101.de genannten Zahlen von 6.470 Lesern im Jahr, so hat man bei diesem Text einen Verdienst von 6,35 Euro. Dabei ist die Tendenz allerdings steigend, wenn man neue Texte veröffentlicht, passende Artikel miteinander verlinkt und alte Seiten bei Pagewizz auch ab und an mal ein wenig überarbeitet.
Da überarbeitete Seiten in der Reihenfolge, ähnlich wie bei Ciao.de, wieder ganz oben in der Liste erscheinen, kann man also immer den letzten Text in der Liste nehmen, da es der älteste Artikel ist.

Blogs und Webseiten

Der eigene Blog

Einen Blog kann man kostenlos einrichten. Dazu gibt es verschiedene Anbieter und man hat die Qual der Wahl. Ich selbst habe ich mich im letzten Jahr entschlossen einen eigenen Blog zu führen. Angemeldet ist er bei Blogspot, was zu Google gehört. Das hat den Vorteil, dass man dadurch recht schnell in der Suchmaschine selbst gelistet wird. Gleichzeitig bekommt einen Account bei dem Netzwerk Google+ und noch eine eigene Mailadresse dazu. Die Mitgliedschaften in diesen Netzwerken sind am Ende viel Geld wert, wenn man sich erst einen guten Freundeskreis aufgebaut hat. Aber dazu später mehr.

Ein solcher Blog hat den Vorteil, dass Sie keinerlei Kenntnisse in Html oder gar PHP haben müssen. Die Bloganbieter haben alles Nötige so eingerichtet, dass Sie es nur anklicken und ausfüllen müssen. Allerdings sind die Gestaltungsmöglichkeiten dabei begrenzt, da man meist nur auf vorinstallierte Designs zugreifen kann. Man kann einen Blog aber auch mit entsprechenden Programmen komplett selbst organisieren und ihm damit ein eigenes Design geben. Eine Möglichkeit ist dabei Wordpress. Will man das Script nutzen, benötigt man eigenen Speicherplatz bei einem Webseitenanbieter. Dazu mehr im nächsten Kapitel.

Bei einem Blog sollten Sie sich für ein Thema entscheiden. Haben Sie also ein besonderes Hobby, dann kann das durchaus im Blog zum Thema werden. Allgemeine Blogs mit vielen verschiedenen Themen binden auf lange Sicht keine Besucher. Es interessiert kaum Jemanden ob sie Schnupfen haben oder gerade in einer Beziehungskrise sind. Deswegen ist eine Spezialisierung vor allem dazu da um langfristig einen festen Leserkreis aufzubauen.

Dabei ist es auch wichtig, dass Sie regelmäßig den Blog führen. Wer nur selten etwas Neues veröffentlicht, wird auch keine Leser binden können. Daher ist es sinnvoll, wenn Sie erst einige

Informationen sammeln, bevor der Blog an den Start geht. Eine wöchentliche Neuveröffentlichung sollte ausreichend sein, um sich einen Leserkreis aufzubauen. Der Einbau von eigenen Bildern sollte auch nicht unterschätzt werden und lockert lange Texte auch auf. Gerade wenn man, so wie ich, Handarbeiten und Schreiben oft miteinander verbindet, kann man einen großen Nutzen aus der Sache ziehen. Außerdem kann man zumindest bei Blogspot auch die Werbung von Google-Adsense einbauen.

Sollten Sie einen Blog eröffnen und dabei die Absicht haben auch Geld damit zu verdienen, dann bauen Sie Werbung von Beginn an ein. Einen Blog erst werbefrei führen, um später dann Werbung einzubinden, wird von manchen Autoren favorisiert. Es wird aber auch Stammleser abschrecken, wenn sie auf einer werbefreien Seite plötzlich mit Werbeanzeigen konfrontiert werden. Man wird Ihre Gewinnabsicht schnell durchschauen und sich nach werbefreien Alternativen umsehen. Werten Sie als ehrlichen Umgang mit Ihren Lesern, dass Sie Geld mit Ihrem Blog verdienen wollen.

Wichtig ist dabei nur, dass Sie die Werbung nicht übertreiben. Eine Werbeanzeige pro Seite ist völlig ausreichend und wird Leser nicht abschrecken. Wenn man als Leser allerdings erst Werbefenster schließen muss, damit man an die eigentliche Information gelangt, dann wird man die Seite auch fluchtartig verlassen. Denken Sie dabei an Ihr eigenes Surfverhalten, wenn Sie Informationen suchen. Je mehr Werbung den Leser optisch erschlägt, desto schneller wird er die Seite wegklicken.

Die eigene Webseite

Im Gegensatz zu einem Blog, den man kostenlos einrichten und nutzen kann, bringt eine eigene Webseite meist finanzielle Ausgaben mit sich. Auch hier gibt es zwar Möglichkeiten kostenlose Angebote zu nutzen. Aber im Gegensatz zu einem entsprechenden Blog, wirkt eine kostenlose Webseite nicht seriös. Vor allem, da die Betreiber solcher Dienste eigene Werbung einbauen, um daran zu verdienen. Sie als Nutzer dürfen dann oftmals keine Werbung schalten. Das wird teilweise von den Werbeanbietern untersagt und macht eine solche Webseite auch uninteressant für Leser, wie schon im Kapitel zum Blog erklärt. Zudem haben Sie als nutzer dieser kostenlosen Angebote keinen Einfluss auf die Werbeanzeigen. Was schnell dazu führt, dass Ihnen Werbung eingeblendet wird, die thematisch gar nicht zur Seite passen und Ihnen persönlich auch unseriös erscheint.

Für eine eigene Webseite muss man sich einen Namen überlegen, den man bei einem Hoster anmelden will. Die meisten Anbieter für den Internetzugang bieten auch Webseiten an. So benötigt man nicht unbedingt einen neuen Account bei einem anderen Anbieter. Dabei sollte der Name der Webseite nicht zu lang sein, da man sich lange Namen oftmals schlecht merken kann.

Nachdem Sie Ihren Wunschnamen registriert haben, dauert es nur wenige Tage, bis die Webseite freigeschaltet ist und Sie mit der Gestaltung beginnen können. Der Name, den Sie ausgesucht haben, ist dann Ihre Internetadresse. Über die Eingabe von www.ihrname.de ist dann Ihre zukünftige Webseite für jeden Internetnutzer aufrufbar. Solche Adressen nennt man auch Toplevel-Domain und damit wird man von kaum einen Werbeanbieter abgelehnt. Einzig sinnvoller Inhalt muss vorhanden sein, damit man zum Beispiel bei Google-Adsense auch angenommen wird.

Fast alle Anbieter für Webseiten bieten auch Baukästen an, so dass Sie ohne Kenntnisse von Html beginnen können. Allerdings werden Sie dabei schnell an die Grenzen der

Gestaltungsmöglichkeiten kommen. Denn diese Baukästen haben immer das selbe System und daher selten individuelle Möglichkeiten bei der Gestaltung. Farbe, Schriftart und Größe können Sie selbst einstellen. Aber das Grunddesign beim Aufbau werden Sie bei tausenden anderen Seiten genauso finden. Was Sie aber nicht abschrecken sollte, eine eigene Webseite zu gestalten. Denn nicht das Design soll den Leser wiederkehren lassen, sondern der Inhalt. Und je nach Anbieter können Sie eine Webseite für 0,99 Euro pro Monat betreiben. Es gibt zwar auch günstigere Angebote, aber je weniger es kostet, desto weniger wird Ihnen dabei geboten.

Ein Vorteil bei einer eigenen Webseite ist mit Sicherheit das vielseitige Angebot an Werbemitteln, die Sie einbinden können. Dies geht von einfacher Bannerwerbung, die Ihnen pro Besucher kleinste Verdienste bringt, bis hin zu Partnerprogrammen passend zu Ihrem Thema. Die Erklärungen zu den Werbemitteln folgen auf Seite 38.

Das eigene Buch

Irgendwann werden Sie den Wunsch haben von sich behaupten zu können, dass sie auch Buchautor sind. Bei mir schlummerte dieser Wunsch rund zwei Jahre vor sich hin. Ideen kamen und wurden wieder verworfen. Dann kam sehr überraschend das Angebot in einer Art Katalog vertreten zu sein. Allerdings gab es ein Datum bis wann mein erstes Buch dann auf dem Markt sein musste. Dieser Zeitraum war zwar recht kurz, aber ich habe es geschafft. Und so wie das Buch, was Sie gerade lesen, ist es exklusiv bei Amazon erhältlich, was aus meiner Sicht mehr Vorteile als Nachteile bringt. Zumal man dort das Buch als gedrucktes Werk und als E-Book veröffentlichen kann. Es gibt zwar noch wesentlich mehr Anbieter, besonders für den Bereich der E-Books, die aber bisher von mir noch nicht getestet wurden. Zudem muss man sich bei den beiden Programmen von Amazon nicht um den Vertrieb als solches kümmern.

Lässt man sein Buch als Book on Demand herstellen, so muss man sich überlegen auf welchen Seiten es verkauft werden soll. Zwar hat man den Vorteil, dass man auch über Buchhandlungen und Bibliotheken Leser erreichen kann, aber man hat im Vorfeld alle Kosten zu tragen. Neben den reinen Druckkosten muss man sich dabei auch eine ISBN kaufen. Und nicht jeder Autor hat die Lagermöglichkeiten zu Hause um mehrere Kartons des eigenen Buches unter zu bringen. Außerdem muss man dabei die Kalkulation zum Verkaufspreis vorher machen, da man mit den Büchern ja auch einen Gewinn machen möchte. Wenn man allein bedenkt, dass man für eine ISBN-Nummer aktuell 85 Euro bezahlen muss und der Druck natürlich auch noch finanziert werden.
Beim größten Anbieter für solche Projekte, www.bod.de, müssen für 100 Exemplare mit 52 Seiten in s/w Druck pro Buch 1,77 Euro bezahlt werden. Damit ist man insgesamt bei Kosten von 262 Euro.

CreateSpace

Hier können Sie Ihr Buch als gedrucktes Werk veröffentlichen. Einziger Nachteil dabei ist im Moment noch, dass die gesamte Seite auf englisch ist. Einen Account können Sie unter www.createspace.com anlegen und dort sogar Vorlagen für Ihr Buch auf den Computer laden. Diese Vorlagen sind schon fertig formatiert, so dass Sie nur noch die Inhalte einfügen müssen.

Sollten Sie das Cover nicht selbst erstellen können, so wird Ihren dort ein Programm zur Verfügung gestellt. Sobald Sie alle Angaben zum Buch zu CreateSpace hochgeladen haben, wird Ihre Datei geprüft. Eventuelle Probleme werden Ihnen mitgeteilt, so dass Sie auch nachkorrigieren können.
Gibt es keine Anmerkungen durch den Anbieter und Sie sind mit der Vorschau zufrieden, geht es zur Preisfindung. Ein Mindestpreis wird Ihnen dabei vorgeschrieben. Dieser deckt die Kosten der Plattform pro verkauftem Buch ab. Was bedeutet, dass Sie nichts verdienen, wenn Sie den Preis so übernehmen. Also sollte Ihr zukünftiger Verkaufspreis höher angesiedelt werden, als der Mindestpreis.
Bei der Preisfindung werden Nettopreise angezeigt. Sie müssen also beachten, dass dort noch mal 7 Prozent Mehrwertsteuer für Bücher aufgeschlagen werden. Nachdem Sie Ihren Wunschpreis festgelegt haben, steht noch die Wahl zur prozentualen Beteiligung für Sie selbst. Auch wenn 70 Prozent vom Nettopreis verlockend klingen, sollten Sie sich für die 35 Prozent entscheiden. Immerhin ist dann Ihr Buch weltweit bei Amazon im Angebot. Bei den Tantiemen von 70 Prozent wird Ihr Buch nur für weniger Länder verfügbar sein.
Sobald alle Angaben gemacht sind, ist Ihr Buch in der Warteschleife zur Freischaltung. Das kann bis zu zwei Tagen dauern, geht aber meist schneller. CreateSpace gibt Ihnen dann gleich den Tipp ihr Buch auch bei Kindle als E-Book zu veröffentlichen. Buchverkäufe werden nach kurzer Zeit schon im Account erscheinen, so dass Sie Ihre Einnahmen gut verfolgen können. Betrachten Sie aber den Verkauf der gedruckten Werke als Zusatzangebot. Die größeren Verkaufszahlen werden Sie mit Sicherheit bei den E-Books haben.

Die Bücher sind zwar nur bei Amazon erhältlich, was man als Nachteil ansehen kann. Dafür sparen Sie aber auch eine Investition von 85 Euro für eine deutsche ISBN-Nummer und auch die Druckkosten. Immerhin besteht die Möglichkeit später eine zweite Auflage zu veröffentlichen, wo man die deutsche ISBN-Nummer nachholen kann. Dann ist das Buch auch für den deutschen Buchhandel verfügbar. Dazu bietet CreateSpace aktuell die günstigste Variante ein Buch auf den Markt zu bringen. Vor allem da man keinerlei Kosten als Autor dabei hat. Außerdem spart man sich die Zeit um bei Verlagen anzufragen, ob diese gewillt sind, das Buch in ihr Programm aufzunehmen.

CreatSpace, wie auch das KDP für die E-Books veröffentlichen jeden Monat einen Newsletter. Dort werden auch erfolgreiche Autoren vorgestellt. Viele davon waren vorher bei einem Verlag unter Vertrag und wissen die Vorteile als Selfpublisher zu schätzen.

Ihre verdienten Tantiemen werden Ihnen 30 Tage nach dem Verkauf zum Ende des aktuellen Monats ausgezahlt. Darüber werden Sie schon etwa Mitte eines Monats per Mail informiert. Diese Mails sollten Sie abspeichern oder gleich ausdrucken, da sie eventuell beim Finanzamt vorgelegt werden müssen.

E-Books für Kindle

Der Kindle ist das Lesegerät von Amazon für E-Books. Zur Anmeldung für einen eigenen Account kommen Sie mit der Adresse kdp.amazon.com. Dort wählen Sie ihre Sprache aus und werden ganz bequem durch das Menü geführt. Der Ablauf ist ähnlich wie bei CreateSpace, wobei die Textdatei noch etwas formatiert werden sollte. Denn die Nutzer wollen nicht ewig zu dem Kapitel blättern, wo sie lesen wollen. Daher sollten zumindest vom Inhaltsverzeichnis aus Verlinkungen zu den Kapiteln vorhanden sein. Die Datei, die Sie schon für das gedruckte Buch geschrieben haben, können Sie dafür nutzen, sollte aber als neue Datei abgespeichert werden.

Auch hier wird Ihnen ein Mindestpreis vorgeschrieben, der dem Nettopreis entspricht. Da bei E-Books bekanntlich keine Druckkosten entstehen, darf der Preis hier wesentlich geringer sein, als bei einem gedruckten Buch.

Dabei werden Sie auch über KDP Select stolpern. Das ist eine Art Bibliothek bei Amazon, wo man E-Books ausleihen kann. Auch dafür gibt es eine Vergütung, so dass es durchaus sinnvoll sein kann, die Möglichkeit zu nutzen. Viele Leser wollen über den Ausleih entscheiden, ob sie ein E-Book kaufen. Die Vergütung über die ausgeliehenen Exemplare erfolgt zum 15. eines Monats. Aus eigenen Erfahrungen kann ich sagen, dass die Vergütung pro ausgeliehenem E-Book oftmals höher liegt, wie die Tantiemen pro Verkauf. Die Übersichten für die Verkäufe und Ausleihen sind zeitnah im Account ersichtlich.

Sobald Sie sich in Ihren Account einloggen, wird Ihnen als erstes Ihr Bücherregal angezeigt. Die Übersichten zu Verkäufen und Ausleihen finden Sie unter dem Punkt Berichte. Beim ersten Punkt wird angezeigt, wie viele Exemplare im aktuellen Monat verkauft wurden. Auch die Ausleihen werden dort angezeigt. Der zweite Punkt zeigt die Tantiemen der letzten sechs Wochen an. Dort findet man aber nur die Angaben zu den Verkäufen. Der dritte Punkt listet die Monatsberichte auf, die man auch auf den Computer laden kann. Darin sind dann die Verdienste für die Verkäufe und Ausleihen aufgelistet. Auch bei KDP werden die Verdienste am Monatsende angewiesen. Hier allerdings erst 60 Tage nach dem Verkauf.

Natürlich kann man auch die eigenen E-Books zu Werbezwecken kostenlos anbieten. Das geht in den ersten 90 Tagen für fünf Tage. Viele Autoren nutzen diese Möglichkeit grundsätzlich, um in den Verkaufsrangen noch oben zu rutschen. Allerdings geht der Absatz nach einer solchen Aktion so schnell zurück, wie er zugenommen hatte. Ich selbst habe bisher noch kein E-Book kostenlos angeboten. Immerhin warnen viele Autoren auch vor dieser Werbemaßnahme, da ein kostenloser Download noch keinen Leser bringt. Viele Amazonkunden bauen sich damit nur eine Sammlung kostenloser E-Books auf ohne wirkliches Interesse daran zu haben.

Textaufträge

Neben Seiten, wo Sie sich selbst die Themen aussuchen, über die Sie schreiben wollen, können auch Textaufträge an Sie gerichtet werden. Dabei wird Ihnen das Thema vorgegeben und auch die Keyworddichte. Vor der Annahme eines solchen Auftrages sollten Sie sich mit dem Thema gut auseinander setzen. Neben der Erstellung des Textes kann eventuell sehr viel Recherchearbeit dabei auf Sie warten. Sollten Sie dann das Honorar in einen Stundenlohn umrechnen, werden Sie schnell enttäuscht sein. Denn die Bezahlung ist nicht besonders hoch dabei.

Für meine ersten Texte habe ich etwa 15 Euro bekommen und dafür habe ich je Text eine A4-Seite mit rund 500 Wörtern geliefert. Wie hoch man bei den Preisverhandlungen ansetzt, hängt auch davon ab, ob Folgeaufträge in Aussicht gestellt werden. Aber auch hier sollte man die Zeit für Recherchen nicht unterschätzen. Auch wenn eine Seite am Computer unter Umständen dann schnell geschrieben ist, kann der Verdienst pro Stunde sehr gering werden. Übrigens werden Sie bei solchen Aufträgen selten als Autor genannt. Es bringt Ihnen persönlich also keinen Mehrwert nach der Veröffentlichung, auf die Sie gegenüber anderen Auftraggebern verweisen können.

Solche Textaufträge kann man sich auch selbst suchen. Es gibt einige Portale dazu im Internet. Ich selbst bin nur gelegentlich bei Textbroker aktiv. Dort muss man sich mit einem Text bewerben und wird dann in eine Kategorie eingestuft. Fünf Kategorien gibt es auf der Seite und je höher man steigt, desto besser ist auch die Vergütung. Textbroker ist der Vermittler zwischen Auftraggeber und Autor. Die Themen sind sehr vielfältig und meist werden nur zwischen 300 und 400 Zeichen verlangt. Die Vergütung ist dafür auch entsprechend gering. 400 Zeichen bringen im Schnitt 3,60 Euro.

Diskussionsforen

Es gibt eine Menge Foren, die man nutzen kann, um sich mit anderen Usern auszutauschen. Oftmals sind sie auf ein Thema, wie Computer oder Haustiere, spezialisiert. Doch es gibt auch viele Foren, wo man über alle möglichen Themen diskutieren oder sich Ratschläge holen kann. Doch diese Foren sind alle kostenlos und man kann dort auch nichts verdienen.

Bisher konnte ich in insgesamt vier Foren mit Vergütungen meine Erfahrungen sammeln. Zwei davon gibt es noch. Wobei ich nur noch Talkteria empfehlen kann. In diesem Forum gibt es zwar kein Geld zu verdienen. Aber Gutscheine für Amazon, Aral, Zalando und einigen Shops mehr. Dazu gibt es auch Sachprämien, wie Ipods oder auch Netbooks.
Vergütet wird in fast allen Kategorien. Nur im Mitgliederforum bekommt man keine Punkte, die sogenannten Talkpoints. Ansonsten werden alle Beiträge vergütet. Für neu eröffnete Themen bekommt man sogar noch mehr Talkpoints. Sollte man in einer Woche die meisten neuen Themen eröffnet haben, so wird dieser Fleiß noch mal extra belohnt.

Die Talkpoints werden nach der Zeichenlänge des Beitrages berechnet. Allerdings gibt es, je nach Kategorie, unterschiedlich hohe Vergütungen. Die genauen Faktoren hält der Betreiber aber geheim. Sobald man 75 Talkpoints gesammelt hat, kann man sich eine Prämie zusenden lassen. Die 75 Talkpoints haben einen Gegenwert von 25 Euro. Sie verdienen auf dieser Seite zwar nicht direkt Geld, aber können bei passenden Themen auf Ihre eigenen Artikel verlinken, was natürlich einen entsprechenden Werbeeffekt mit sich bringt.
Mehr Besucher und auch ein höheres Ranking in den Suchmaschinen bedeuten dann auch höhere Einnahmen. Aber man sollte seine Links nicht wahllos im Internet verteilen. Nur thematisch passende Links werden von den Suchmaschinen als wertvoll und damit positiv eingestuft. Und Sie wollen ja sicherlich nur die positiven Werbeeffekte nutzen.

Doch die Seite Talkteria hat auch recht strenge Regeln. So wird sehr viel wert auf eine korrekte Rechtschreibung und Grammatik gelegt. Kleinere Fehler führen zwar nicht gleich zur Löschung des Beitrages, aber für solche Probleme kann man sich auch entsprechende Tools für den Browser installieren. Außerdem korrigiert auch das Team von Talkteria die Beiträge und bei Bedarf auch die Themenüberschriften.

Ich selbst bin seit Anfang 2008 dort aktiv und habe mir in dieser Zeit schon einige Gutscheine verdient. Damit konnte ich mir und meiner Familie auch recht große Wünsche erfüllen. Und bevor es in Sachsen die Lehrmittelfreiheit gab, wurden auch die Schulbücher aus diesen Verdiensten finanziert. Heute investiere ich die Einkaufsgutscheine fast ausschließlich in Geschenke. Doch auch der Jahresurlaub kann damit finanziell entlastet werden, wenn man sich rechtzeitig die Gutscheine für Aral bestellt.
Je nach persönlicher Aktivität kann man bei Talkteria schon im Monat auf 150 Punkte und damit 50 Euro für Shopping oder Tanken kommen.

Marketing

Auch die Werbung sollte man nicht unterschätzen. Denn man will sich ja auch bekannt machen. Gerade wenn man neu beginnt, sollte man sämtliche Möglichkeiten nutzen, die kostenlos zur Verfügung stehen. Die Erfolge dabei sind recht unterschiedlich, wobei ich meine Erfahrungen nicht als Pauschalisierung betrachte. Es ist oft vom Thema abhängig wie viele Leser man durch die diversen Werbemaßnahmen erreicht. Doch auch wenn gern etwas anderes behauptet wird, man kann sehr viel kostenlose Werbung im Internet verbreiten, die auch den gewünschten Erfolg mit sich bringt.

Soziale Netzwerke

Facebook, Twitter und auch Google+ sind die ersten Anlaufstellen. Auch wenn Facebook in Sachen Datenschutz nicht den besten Ruf genießt, so liegt es an jedem Nutzer selbst, was man über sich veröffentlicht. Vor allem auf Facebook findet man die großen Portale, wie Suite101 und auch Pagewizz. Dort kann man direkt seine neuen Artikel promoten. Alle Autoren, die die entsprechenden Facebook-Seiten als „Gefällt mir" aufgenommen haben, werden Ihren Artikel dann sehen.

Dadurch werden Sie auch recht schnell Freundschaftsangebote von anderen Autoren bekommen. Nehmen Sie diese Angebote mit ruhigem Gewissen an. Denn es erhöht Ihren Bekanntheitsgrad und damit auch die Lesungen für Ihre Artikel. Einladungen in Autorengruppen werden auch nicht lange auf sich warten lassen. Dort gibt es einen sehr kollegialen Umgang und auf jede Frage, wird ein anderes Mitglied eine Antwort wissen.

Natürlich will der richtige Umgang mit den Freundeslisten, Followern oder Kreisen gelernt sein. Für Facebook ist wichtig, dass man nicht wahllos Freundschaftsanfragen verschickt. Denn dort wird der potentielle Freund immer gefragt, ob Sie auch im realen Leben kennt. Wird die Freundschaftsanfrage abgelehnt und das reale Kennen verneint, so bekommen Sie schnell eine Verwarnung und es droht eine mögliche Sperre für Facebook. Diese ist oftmals nur zeitlich begrenzt, aber ärgerlich, wenn Ihnen damit die Kontaktmöglichkeiten vorerst genommen werden.

Bei Google+ versendet man keine Freundschaftsanfragen, sondern nimmt die anderen Personen in Kreise auf. Damit bekommt man die Informationen geliefert, die die anderen Personen veröffentlicht haben. Kreise überschneiden sich natürlich und oft genug habe ich die Meldung bekommen, dass ich von fremden Leuten in ihre Kreise aufgenommen wurde. Deswegen muss man aber nicht unbedingt seine eigenen Kreise erweitern und diese Personen auch aufnehmen.

Twitter bietet keine Freundschaften oder Kreise. Dort kann man anderen Personen oder Firmen folgen. Um bei Twitter wirklich erfolgreich zu werben, muss man etwas Zeit investieren. Bei der Anmeldung muss man sich auf einige Twitterer festlegen, denen man folgen möchte. Damit bekommen Sie schon Tweeds angezeigt. Oben befindet sich die Suche und diese kann man Nutzen, um weitere interessante Twitterer zu finden, denen Sie folgen können.
Der nächste Schritt ist das Retweeden. Tweeds die Ihnen interessant erscheinen retweeden Sie einfach. Selbst wenn Sie selbst noch keine Follower haben, zeigen Sie anderen Usern dort, dass Sie da sind und auch deren Tweeds verbreiten. Die Follower werden sich nun von allein einfinden. Der letzte Schritt ist dann das Einstellen von eigenen Tweeds, sobald Ihnen mindestens 20 Leute auf Twitter folgen. Und damit sollten Sie auch auf Twitter mit ihrer Werbung erfolg haben.

Werbung per E-Mail

Werbemails erreichen mit wenigen Klicks sehr viele Leser. Dabei gibt es verschiedene Möglichkeiten, um Werbemails zu versenden. Man kann sich zum Beispiel die Werbemaßnahme kaufen. Die Anbieter für solche Mailings verfügen über einen großen Pool an E-Mailadressen, wo man nach Interessen gerichtet seine Werbung verschicken kann. Eine solche Aktion kosten natürlich Geld, doch es geht auch kostenlos.

Dafür muss man nur vorher Zeit investieren. Melden Sie sich einfach bei Anbietern an, die Mails mit Vergütung versenden. Ob die Vergütung dabei nur Punkte sind, die Sie in eigene Werbung investieren oder einen Geldwert haben, ist dabei nebensächlich. Hauptsache man kann das Guthaben für Werbung einsetzen. Eine solche Werbeaktion lohnt sich vor allem für eine Webseite, Blogs oder Bücher, wobei man selten direkt auf Amazon verlinken darf. Daher ist ein einfacher Blog sicherlich nützlich, wenn man diese Werbeform nutzen möchte. Mit eingebauter Werbung verdienen Sie dabei nicht nur unbedingt über einen Verkauf, sondern allein schon durch den Besuch der Mailempfänger.
Bei den Textportalen ist es eher ungünstig die Lesungen für Ihre Texte durch solche Werbung in die Höhe zu treiben. Ein guter Anbieter mit hoher Reichweite und vielen Mails, wo man selbst Guthaben sammeln kann, ist Ebesucher. Dort kann man notfalls auch Punkte kaufen, wenn das eigene Guthaben nicht ausreicht.

Übrigens kann der eigene Blog oder die Webseite auch als weiteres Marketingmittel angesehen werden. Besonders, wenn Sie Hinweise und Links zu Ihren Texten auf anderen Seiten setzen. Auch in Foren, sofern Sie dort regelmäßig aktiv sind, können Sie auf Ihre eigenen Seiten, Blogs oder Texte verlinken. Vor allem kann man diese Seiten für die eigenen Bilder sehr gut nutzen. Gerade in Foren darf man oftmals nur noch Links zu Bildern setzen. Klickt dort jemand auf den Link und kommt damit zu ihrem Blog oder zur Webseite, wird dieser Besucher eventuell noch mehr von Ihnen ansehen oder lesen wollen.

Werbemittel

Bannerwerbung

Die Bannerwerbung beinhaltet mehrere Varianten bei der Vergütung. Am wenigsten verdient man bei Pay per View. Diese Werbung hat zwar den Vorteil, dass man nicht auf Klicks seiner Leser hoffen muss. Allerdings liegt der Verdienst bei durchschnittlich zehn Cent pro 1.000 Besucher. Selbst wenn Sie für eine Webseite nur 99 Cent pro Monat bezahlen müssen, brauchen Sie 10.000 Besucher für eine Refinanzierung. Verdient haben Sie dabei noch nichts.

Immerhin auf einen Euro pro 1.000 Klicks kommt man bei sogenannten Actionklicks. Bei diesen Werbebannern darf man seine Besucher sogar darum bitten beziehungsweise auffordern darauf zu klicken. Doch sollte man sich dabei bewusst sein, dass die Besucher selten auf Bitte die Werbung anklicken.

Bei normalen Werbenbannern, wo Sie nicht zum Klicken auffordern dürfen, verdient man ab 10 Euro pro 1.000 Klicks. Was aber von den Anbietern abhängig ist. Marktführer Google-Adsense bietet sehr hohe Vergütungen, welche im dreistelligen Bereich liegen pro Klick liegen kann. Allerdings ist Google sehr streng und schon kleinste Auffälligkeiten, dass man Bekannte zum Klicken animiert, kann dort zur Sperre führen. Einmal bei dem Anbieter gesperrt, wird man nie wieder einen Account eröffnen dürfen. Durch die hohe Vergütung bei den Werbeklicks, sind auch die Anforderungen sehr hoch, um aufgenommen zu werden.
Nur mal schnell eine Webseite zusammen schustern wird dabei nicht helfen. Aussagekräftige Inhalte sind sehr wichtig und man sollte mehr als die Startseite und das Impressum bieten.

Die anderen Angaben zu den Verdiensten stammen vom Anbieter Adshot, der seit mehreren Jahren seriös arbeitet und bereits ab 5 Euro auszahlt. Außerdem hat man ein geringes Risiko, dass die Webseite abgelehnt wird für die Werbemittel. Allerdings hat man bei Adshot keinen Einfluss auf die eingeblendete Werbung. Sie kann unter Umständen so gar nicht zu Ihren Inhalten beim Blog oder der Webseite passen.

Haben Sie dagegen die Freischaltung für Google-Adsense erhalten, so gibt es dort die Möglichkeit festzulegen, ob man nur thematisch passende Werbung eingeblendet werden soll. Die Chance, dass Besucher dann die Werbung auch beachten und die beworbene Seite besuchen, ist damit weitaus höher.

Popups und Layer

Diese beiden Arten der Werbung sind mittlerweile sehr verpönt. Vor allem Popups kann man schnell und effizient verhindern, wenn man die entsprechenden Einstellungen im Browser vornimmt. Wobei es schon bei der Installation eines Browsers als Standard festgelegt ist, dass Popups blockiert werden.

Layer sind diese Werbebilder, die beim Laden einer Webseite den Inhalt verdecken. Man muss sie separat wegklicken, was oft dazu führt, dass man ein neues Fenster danach schließen muss. Es nervt Ihre Besucher auf Dauer und sie werden sich die benötigten Informationen auf anderen Seiten suchen. Die Vergütungen für diese Werbeformen liegen bei 0,8 Euro pro 1.000 Einblendungen, was sehr gering ist.

Partnerprogramme

Mit sogenannten Partnerprogrammen kann man bei der Werbung auf Webseiten mittlerweile das meiste Geld verdienen. Der größte Anbieter dafür ist Zanox. Sie finden dort zu allen Branchen Firmen, die auf Webseiten Werbung schalten wollen. Die meisten Verdienstmöglichkeiten gibt es dort durch Klick per Sale, also wenn die Besucher Ihrer Webseite nach dem Klick auf den Werbebanner auch auf der beworbenen Seite einkaufen. Doch auch mit Anmeldungen auf anderen Webseiten kann man dort verdienen. Die Vergütungen beim Einkauf liegen durchschnittlich bei 5 Prozent vom Warennettowert. Bei Anmeldungen gibt es unterschiedlich hohe Vergütungen für jeden neuen Kunden.

Natürlich kann man sich auch bei einzelnen Anbieten mit seiner Webseite bewerben. Viele Onlineshops bieten entsprechende Partnerschaften an. Vor allem, wenn Sie viel über Bücher schreiben, lohnt es sich mit Amazon zusammen zu arbeiten.

Unter dem Begriff *Affiliate* werden Sie eine Reihe von Anbietern finden. Allerdings kann ich aus einigen Jahren Erfahrung berichten, dass viele solcher Anbieter nur recht unbekannte Partner anbieten. Der Verdienst dabei ist dann recht gering, da große und bekannte Shops wesentlich vertrauenswürdiger sind. Deswegen arbeite ich nur noch mit Zanox als Vermittler zusammen und nutze Amazon als Partner bei Pagewizz und meinen Webseiten.

Google Adsense und Analytics

Für Adsense und Analytics kann man jeweils einen eigenen Account einrichten. Das ist aber nicht unbedingt nötig. Wer Adsense für Bannerwerbung auf der eigenen Webseite oder einem Blog nutzt, der kann Analytics integrieren. Mit dem Programm Adsense verdient man also durch Werbung.

Über Analytics kann man die Zugriffe auf seine Seiten kontrollieren. Dazu kann man die Auswertungen ansehen, woher die Besucher kommen, über welche Seiten sie auf Ihre Texte gekommen sind und was für Keywords, also Suchbegriffe, verwendet wurden. Dies wird Ihnen auf lange Sicht helfen, um Ihre Texte zu optimieren.

Dazu erfahren Sie auch über diese Auswertungen, ob Verlinkungen in Foren auch den gewünschten Erfolg bringen. Aber auch wenn Ihre eigenen Werke auf anderen Seiten eingetragen wurden, erfahren Sie es über die Statistiken von Analytics.

Rechtliche Hinweise

Sobald Sie im Internet Geld verdienen wollen, müssen Sie auch Ihre Daten entsprechend hinterlegen. Vor allem bei Webseiten und Blogs wird da gern von anderen Menschen nachgeschaut, ob Sie auch ein einwandfreies Impressum haben. Ob und in welcher Form Sie ein Impressum angeben müssen ist im Telemediengesetz festgeschrieben. Wobei man dabei auch moderner geworden ist und oftmals neben dem Namen eine E-Mailadresse ausreicht, die Sie täglich kontrollieren.

Außerdem müssen Sie alle Verdienste aus dem Internet auch beim Finanzamt angeben. Wenn Sie ausschließlich Texte veröffentlichen, dann wird eine Gewerbeanmeldung nicht nötig sein, da dies als freiberufliche Tätigkeit gilt. Sobald Sie aber über Werbung mit eigenen Accounts Einnahmen generieren, sollten Sie sich dahin gehend beraten lassen, ob eine Gewerbeanmeldung erforderlich ist. Beratungen dazu bekommen Sie beim Finanzamt, der Industrie- und Handelskammer und natürlich bei dem für Sie zuständigen Gewerbeamt.

ISBN-10: 1482739399
ISBN-13: 978-1482739398

Impressum:

Sabine Wolfram

wolfram-sabine@web.de

Umsatzsteuer-ID: DE 249 736 879

Die Verwertung der Texte und Bilder, auch auszugsweise, ist ohne Zustimmung der Autorin und Herausgeberin urheberrechtswidrig und strafbar. Dies gilt auch für Vervielfältigungen, Übersetzungen, Mikroverfilmungen und für die Verarbeitung mit elektronischen Systemen.

Die Anleitungen in diesem Buch wurden von der Autorin und Herausgeberin sorgfältig erarbeitet. Dennoch kann keine Garantie übernommen werden. Eine Haftung der Autorin und Herausgeberin für Personen-, Sach- und Vermögensschäden ist ausgeschlossen.

www.ingramcontent.com/pod-product-compliance
Lightning Source LLC
Chambersburg PA
CBHW050845290526
45792CB00002B/533